HALVT KILO RÖTT

Av Kicki och Gunnar Lidén:
Ett dussin russin 2007
Sånger från balkongen 2014
Grekiska Livstycken 2016

Av Gunnar Lidén
Under tamarisken 2016
Grekisk sallad 2017
Halvt kilo rött 2017

© Texter, teckningar och layout: Gunnar Lidén 2017
Omslag och grafisk form: Gunnar Lidén
© Tryck och förlag: Books on Demand, BoD 2017
ISBN: 978-91-76996-06-5
Kulturstugan
Olsätersgatan 116
65468 Karlstad

gunnar@kulturstugan.se
www.kulturstugan.se

HALVT KILO RÖTT

Dikter och teckningar

Athen 2015-2016

GUNNAR LIDÉN

KULTURSTUGAN

Innehåll

Förord

Ett halvt kilo rött vin är bordsdrycken på tavernan i Grekland. Vatten från kranen kommer förstås in i karaff. Miso kilo kokkino är oftast ett enkelt vardagsvin som inte är starkt och som inte smakar varken surt eller sött. Det passar bra till mat och gemenskap.

Det händer ofta att kyparen på vårt stamställe i Athen ropade in oss på tavernan, satte oss vid ett bord och hämtade just ett halvt kilo rött. Han ville prata en stund och han ville visa sin filotimo, sin gästfrihet genom ett enkelt vin.

Det enkla är ofta det bästa. En liten taverna uppe i bergen på Kreta serverar hemgjort vin till maten. När vi frågade om det gick att köpa med ett par liter, visade värden in oss till hans vinkällare. Först fick vi smaka på vin ur alla faten. Sedan fick vi två flaskor av hans bästa vin med oss utan kostnad.

Bland grekerna har jag mött mycket av den generösa gästfriheten som kallas filotimo. Detta är mycket typiskt för just Grekland.

Halvt kilo kokkino är intryck och reflektioner över vardagshändelser och möten med kända och okända, under åren 2015-2016.

Karlstad i september 2017

Gunnar Lidén

Öppnandet

Vintern klistrade långsamt
gröna mögelmärken
på trappan mot gatan.
Fukten gav utslag
och såren läkte sakta.

Inför påsken målas trappan
med uppståndelsens vita färg
för att vi ska se varje steg
även när mörkret faller.

Den grekiska våren
heter "öppnandet".
Vallmo slår ut,
spelar ingångsmarsch
på röda trumpeter.

Fiskhandlaren

Han virar en strut och ser på mig
som om jag redan hade beställt
ett kilo barbounia till middag.
Börjar fylla struten och går fram
för att fråga om jag samtidigt
önskar något annat.

Innan jag vande mig,
trodde jag att fiskhandlaren
var påflugen och fräck.
Nu vet jag att han förhandlar
om pris och rabatt.
Fula fiskar ligger tryggt på is.

Helighet

Den ortodoxe prästen i Katarinakyrkan
sjunger sig igenom söndagsmässan
på två timmar och fyrtiofyra minuter.
Några trogna damer kommer i taxi
strax före den obligatoriska nattvarden.

Hans röst når långt utanför kyrkan
och hans psaltes-sångare följer honom troget
genom gudstjänstens labyrinter.

När mässan är slut vattnar han blommorna
med lika stor vördnad som bönerna till Maria.
Heligheten är lika viktig på caféet och butiken
som framför helgonen bland vaxljus och rökelse.

Temannen

Han sov på en bänk i natt.
Skorna hade han ställt
snyggt under sängen.
Nattvandrare gick tyst förbi.
En taxi stannade och for vidare.
Jag fortsatte att gå hemåt
till mitt varma sovrum.

Temannen bjöd honom
på en kopp varmt vatten.
Lite socker som hjälper
hjärtat att vakna,
och fötterna att röra sig.

Efter valdagen

När valdagen var över
började människor lyssna
till den skuldtyngda framtiden
som under fem svarta år
varit stängd för allmänheten.

Gamle premiärministern
tömde sitt kontor på foton.
Pärmar fulla med drömmar
som paraderar framför parlamentet.
Kaffekassan tog han med sig
till huset i de fina kvarteren.

Efterträdaren fyllde sin lägenhet
med kaffe och gratulationer.
Tidningarna vände gröna blad
och den annars tysta börsen i Athen
sjöng hallelujakören av Händel.

Små utgifter

Tidig promenad runt Akropolis.
Gatuförsäljarna börjar komma
till sina dagliga revir.
En man utan rakhyvel sover i buskarna,
han har väldigt nära till jobbet.

Med små inkomster och små utgifter
tjänar han ihop till en öl eller två.
Han är rik på vänner.
Klockan är halv nio.
Staden vaknar.

Evighet

Varje morgon sopar han
utanför sin port.
Natten lämnar skräp efter sig
som dagen inte ser.

Som med allting annat
som aldrig blir färdigt,
ett evighetsarbete.

Rullkärra

Den rostiga pirran haltar
uppför stenläggningen.
Ett hjul är på väg att lossna.
Lasten är bara elände och skräp
i gamla plastpåsar.
Plastbordet har ett sprucket ben
och parasollet måste stöttas.

När snören och remmar lossas
lyser smycken och konstverk
i morgonljusets skimmer.

Förberedelser

Några sover aldrig.
Tar emot varor till dagens grytor,
plåtar och bleck.
Hällarna kallnar aldrig
i det befolkade köket.

Vi hälsar på varann
vid Vyzentinos taverna.
Stolar och bord ska ställas ut
innan de första frukostgästerna
hungrigt kommer förbi,
frågar efter nybryggt kaffe.

Onkel Toms stuga

I det fallfärdiga huset bor Tom,
han är vaktmästare och curator
i Athens minsta museum.

Utsällningarna varierar ständigt,
beroende på världsläget och ekonomin,
Tom ligger ofta tre steg före CNN.

När FN:s säkerhetsråd sammanträder
ger Tom ett eget faktabaserat uttalande
som förklarar hur det egentligen ligger till
i den stora världen.
Varifrån han får sin information
avslöjar han aldrig.

Kommunikation

Från buskar och träd
hörs alltid ett kackel
som från orrspel
i början av maj.

Farbror Blå har vaknat
med fjäderdräkten uppfälld.
De landar alltid fyra.
Någon måste man kackla med.

Men fyra tysta poliser
med ögonen i varsin mobil
har aldrig förut skådats.
Vart är världen på väg?

Vaxpropp

En dag tystnar trafiken,
alla bilar kör på tomgång.
Inkastaren på tavernan rör på munnen
men han säger inget.
Duvorna tittar in genom fönstret
men har slutat kuttra till varandra.
Staden har slutat prata.

Öronläkaren kikar in i hörselgången.
Han letar efter biltrafiken,
inkastarnas ständiga tjatande
och duvornas ivriga pladder.
Därinne lagras de allihop
i väntan på att vägen ska öppnas
och det brusande lugnet återställas.

Hål i väggen

På en liten bänk sitter fyra herrar i kostym
och väntar på att Kostas ska bli färdig
med dagens heliga lunchpaket.

Det minsta grillköket är det bästa.
Kostas lagar souvlaki och giros
som hans pappa lärde honom.

När maten är slut, stänger han butiken.
Det är alltid kö utanför hans minikrog.
Därför vet man att maten är bra.

Man väntar gärna medan Kostas lagar klart.
Då kan man röka och prata om livet,
som det alltid är värt att vänta på.

Baglady

När dagen börjar och alla är på väg
till kontoret, till färjan, till verkstaden
då sitter hon stilla i portgången,
ordnar alla sina påsar och väskor,
gör sig iordning för dagslägret.

Hennes stora hatt skymmer ansiktet.
Hon känner igen turisternas gummiskor
bland kontorsfolkets lädersulor.
Några går sakta och beundrar staden,
medan andra småspringer till jobbet.

Hon lyfter en aning på huvudet
så att jag ser ett öga bakom hattbrättet,
nickar till varandra om morgonen.
Vi har upprättat en bekantskap i vimlet
utan att behöva vara vänner.

Avgångshallen

Medan planet avisas
flyttas avgångstiden
i väntan på lättare vingar och roder.
-Gå till gaten, säger rösten i högtalaren
men vi vet att det inte är bråttom.
Resan hittills har varit lång och krokig,
allt man önskar är att komma fram.

Medan passagerare avvisas
flyttas avgångstiden
i väntan på riktiga pass och tillstånd.
-Gå till informationen, säger rösten
men vi vet att det inte är bråttom.
Det är inte första gången
som vi tvingas återvända.

Vi börjar känna oss hemma
med handbagage i avgångshallen.
Kommer vi någonsin att återse
våra incheckade resväskor?

Cyklister

När trafikljuset slår om till grönt
är cyklisten två hundra meter fram
och jag undrar om han är färgblind
eller självmordsbenägen.
Men han är bara en enkel cyklist
som lärt sig att rött ljus är endast
en vacker dekoration utan allvar.
Varken bilist eller fotgängare.
Cyklisten far fram som han vill,
och struntar i vad andra har för sig
i de obegripliga gatukorsningarna.

Rött ljus kan vara en rekommendation
och kanske till och med en förordning,
men för cyklisterna i Athen är det
lika viktigt som hastighetsbegränsningen
där ingen förstår vad siffrorna betyder.
Den som har satt upp skyltarna
har aldrig haft eget körkort, ärligt inköpt.

Att cykla är att umgås på vägen.
Samtalet pågår genom kurvorna
ökar hastigheten på raksträckorna
och fortsätter kvarter efter kvarter.
Det viktiga är inte att komma fram
men att ha det trevligt på resan.

Grannen

Vår granne med katterna
ställer ut vatten och mat
varje morgon när solen går upp.
Tio katter kommer tjatande
från sina gömställen
bakom soptunnorna.

Grannen passar på att slänga
dagens soppåse i tunnan,
utan att se närmare på innehållet.
Hon klär sig i kofta och tofflor
för att katterna ska känna igen
sin trogna beskyddare.

Några timmar senare
har hon klätt upp sig
i röd jacka och högklackat.
Hon går till kvartersbutiken
för att handla kattmat
och några saker till sig själv.

45

Uteliggaren

När staden vaknar
går uteliggaren till vila,
lägger sig tillrätta på bänken
med skorna utom lukthåll.

På dagen är det inte lika kallt.
Nätterna är arbetstid.
Katterna jagar också föda
när alla andra sover.

Hundarna vaktar reviret,
så att ingen stjäl
hans förgiftade skor.

Penseldrag

Innan staden fylls med folk
ligger resterna i drivor.
Natten har spytt upp
gårdagens intryck.
Omslag lämnas kvar,
små konstverk utan innehåll.

Konstnären börjar om,
städar noga sin stora ateljé.
Rensar sin palett
från gårdagens färger.
Hans stora pensel
målar renhet och ljus
i svepande rörelser
över kvartersduken.

Megaro Mousikis

I Athens stora konserthus
stod granskogen tät.
Bockhornets röda klang
lockade hem korna till mjölkning.
Vemodet smög över sjöar,
sjöng sig hem till kvällen.

Vi väntade länge i foajén
på att få berätta;
korna står i lagårn
och göken gal i väst.

Trombonisten Nisse sa hej,
drog ut under fullmånen
med sina grekiska vänner.

Arkeologi

Allt ska undersökas
i de gamla utgrävningarna.
Historielösa turister
letar minnen och bakgrund.

Stenar från världens skapelse
bär märken av mejsel och slägga.
Här måste allting har börjat
strax efter Big Bang.

Löpsedel

Trädet ruskar på sig.
Löven fnissar lugnt
när den lilla hunden
bjuder på utskällningar.

Nyss pinkade han länge
på stammen dit han går
varje morgon och kväll.
Dagens löpsedel.

Den stora hunden
läser dagens nyheter.
Kommenterar sin åsikt
med en glad skvätt.

Insyn

Sent på kvällen.
Väntrummet fullt
av halvblinda sökare.

Ögonläkaren lyser in
genom min pupill,
ända in i själen.

Därinne ser hon
krokiga vägar
över grekiska berg
med nytt körkort.

Väntrummet

-Kalispera, säger jag till patienterna
när jag kommer in i väntrummet.
-Kalispera, svarar alla artigt.
Vi lever ju i ett civiliserat land.

Klockan är åtta på kvällen
och ögonläkaren har
mycket kvar att göra
innan dagen är slut.

Jag behöver ett intyg
om att jag kan se skillnad
på människor och träd
för att förnya mitt körkort.

-Kalinichta, säger jag när jag går.
Nu ser jag äntligen klart
på läkarens intyg som ger mig rätt
att köra bil genom hela Europa.

Lyktan

Doften av stenkolsrök
ligger tät över promenadgatan
där kastanjerna rostas
över öppen glöd.

Vännerna samlas kring lyktan
likt nattfjärilar i mörkret.
Snart har kastanjerna öppnat sig
av snittet i skalet och värmen.

Kvällsvandrare öppnar sig,
och tänder böneljus i natten.
Den svartklädda gumman ser till
att lågorna inte slocknar.

Det är en konst att lära,
att lysa utan att bränna,
att elda utan att förkolna.
Varje själ har sin egen tid.

Positivspelaren

Inte låter det vackert,
och inte håller han jämn takt
när han vevar sitt positiv.
Han har nog hört låtarna
så många gånger genom åren
att han tröttnat och tänker på annat.

En dag stannade ett litet barn
och beundrade hans ljudmaskin.
Positivet hade börjat spela själv,
det kom ny musik ur mekaniken
som han aldrig hört tidigare.
Full av beundran slog han sig ner
och njöt av konserten.

Han hade aldrig kunnat tro
att hans låda kunde låta så vackert.
En liten människas beundran
hade gett honom nya öron,
och musiken en ny klang.

Toms cyklar

Tom säljer cyklar för 1 euro styck.
Det har aldrig varit hans målsättning
att bli rik på konst eller hantverk.
Likafullt tillverkar han små dyrgripar
som är för vanliga för att synas.

Tom vill egentligen bara prata med folk
om vad som händer i världen
och vad som skulle kunna hända
om människor använde sitt förnuft.
Men han tillverkar cyklar av järntråd.

När Tom får en människa att stanna upp
och ifrågasätta det vi vet och tror,
då blir Tom glad, han berömmer och ler.
Allt han vill är att vi ska tänka själva
och lyssna till vad hjärtat har att säga.

Takterrass

När det är tätt mellan husen,
ligger balkongerna vägg i vägg.
Grannen spiller vatten på mina rosor
när han vattnar sin bougainvillea.

Högt över gatans svarta skräphög
blommar fyra gröna takterrasser
med utsikt mot Akropolis och havet.
Ambulansens siren bryter tystnaden.

Den kända politikern är sällan där,
hans vaktmästare sköter växterna.
Studenterna tvärs över dricker kaffe
och röker ikapp med sin lärare.
Grannen mitt emot går naken
och drömmer att han bor på landet.
Vi spänner upp en hängmatta
och sover under stjärnorna.

Alla väntar på att vinden ska komma
och sätta hetluften i rörelse,
så att man kan andas igen.

Påfyllning

Morgonpromenaden runt Akropolis
bjuder på andra dofter och ljud.
Den nyvakna staden förbereder sig
för ännu en dag av mat och möten.

Kocken har inte kommit till sitt kök
och servitörerna har inte klätt på sig,
bord och stolar är inte utställda.
Elden under grytorna har slocknat.

Nu kommer gastuberna till spisen,
det nybakade brödet och vinet.
Slaktaren bär in röda köttstycken
och grönsakerna travas i lådor.

Medan vi vandrat kring Parthenon
har staden fyllt på sina förråd
med lust och kärlek till livet.
Medelhavets recept på gemenskap.

Måltid

Längst inne i livsmedelsbutiken
står styckmästaren med sin stora yxa.
Han har makten över maten
som måste hanteras med stor omsorg
för att måltiderna ska ge hälsa och smak
på byns tavernor och hemkök.

Ute på parkeringen kör lärlingen trucken
med färdiga paketerade varor på pall.
Den långa hållbarheten är garanti
för att ingenting smakar varken bra eller dåligt.

Vi vänjer oss vid förpackningarna
som lovar mer än vad de håller
men mättar den hungriges mage.

Kostas på parkeringen

Jag kan inte tvätta din bil i morgon,
säger Kostas på parkeringen.
Det kommer vindar med röd sand från Sahara
som lägger ett varmt lager damm
över stolar och bord, tvättkläder och bilar.

Det går inte att tvätta din bil denna vecka,
säger Kostas och krånglar sig ur sin hytt
där han tillbringar dagarna på parkeringen.
Jag har ryggskott och klarar inte av
att snygga till din bil som du vill ha den.

Du skulle ju flyga till Rhodos nästa vecka,
säger Kostas och tittar i sin almanacka.
Det är bättre att jag tvättar din bil
när du kommer tillbaks om två veckor.
Då ger sig nog vindarna från Afrika.

Liten demonstration

Vi lärde oss snart att höra skillnad
på anarkisterna från Pireus,
en skolklass från Hill´s gymnasium
och föreningen Djurens Vänner.
Alla lät likadant, som om det var krig,
där liv och hem var i största fara.
Poliserna betraktade allt på avstånd.

Snart slutade vi titta ut genom fönstret
när bilisten får möte på enkelriktad gata.
Det lät som ett dödligt överfall
med hot om att bränna hus och skogar.
Allt slutade med ett handslag,
en kopp kaffe och en cigarett.
Den som inte pratar, finns inte.

Nymålat

Vi köpte en prydnadsbåt av plåt
i presentbutiken på Adrianou-gatan
strax innan den gick i konkurs.

Båtmakaren överdrev proportionerna
så att fartyget aldrig skulle kunna segla
på öppet hav eller ens ligga vid kaj.

Den nye hyresgästen målade om fasaden
så att vi skulle glömma gamla plåtskrov
och stormiga vinternätter till havs.

Efter tre veckor flyttade glasögonen in
och skyltfönstren fylldes av tomma bågar
i vacker och moderiktig design.

Tomma ögon stirrade på oss och frågade
var de livfulla båtarna tagit vägen
och var man kan köpa biljetter, enkel resa.

Dörröppning

Vatten är inte att leka med.
Dörrar som sväller går inte att öppna.
Trösklar som växer flyttar lås och kolvar,
medan gångjärnen rostar och kärvar.

Det regnar ju så sällan vid Medelhavet
där solen torkar upp rotblötan
lika fort som störtregnet kallade på vaktmästaren
och allt går att åtgärda med rätt verktyg.

Det är lättare att hänga av en dörr
än att hänga av sig en vädergud.
Och att reta gudarna skulle ingen våga sig på
ens om man är släkt med borgmästaren.

Parkering

Det krävs ett sjätte sinne och tålamod
för att parkera i Gamla Stan, i Plaka.
Efter åtta långsamma varv runt kvarteret
blinkar en liten Citroën och kör ut.
Min bil är för stor och jag får inte plats.

I hörnet utanför min bostad är det kaos.
Någon har desperat ställt sin bil i hörnet
så att endast vespor tar sig förbi.
I rutan sitter en röd parkeringsbot
som hoppas att ägaren ska förstå problemet.

Någon har fäst en ny lapp under torkarbladet.
-Lär dig parkera, din idiot!
Men ägaren kan varken läsa eller flytta bilen
och har varken körkort eller bensin.
Nästa dag är den stulna bilen borta.

Snapshot

Turisterna från Chicago har sett nästan allt.
Med kännarmin fotograferas antika byggnader
made in United States of Europe
några år före amerikanska inbördeskriget.

De går lugnt till väga när de samlar intryck
som en biolog samlar växter i herbarium,
där alla templets kolonner har sin stil,
och alla antikens gudar har sin familj.

Greker är spridda över hela världen
och släktingarna från Chicago är många
som återvänder till sina rötter
för att kartlägga sin urgamla historia.

Inkastare

Grekland har inga utkastare,
bara inkastare.
De kan prata med vem som helst
som om de redan vore släkt
och bästa vänner på jorden.

Om du inte är hungrig,
börjar du snart att längta efter mat
när kyparen tar dig med till kocken
som visar dagens skörd
av mogna kronärtskockor.

Det är mormors recept
som får smaklökarna att blomma,
ögonen att vattnas och tåras
när minnen från barndomen doftar
ur grytor och stekpannor.

En röd ros

Jag har fått en röd ros
instucken i min öppna skjorta.
Den kliar mig på hakan
och sticker mig på bröstet.

-For You, it´s free!
sa romflickan med ett leende.
Det säger hon till alla
och vi blir så glada
för att hon är så glad.

När vi säger tack
vill hon ha pengar.
Hon följer med tills vi tröttnat
och vi betalar henne en slant
för att hon ska ge sig av.

Jag har en röd ros i handen
och en romflicka på halsen.

Kollega

Min orthodoxe kollega och jag
har haft ett litet man-to-man talk
om livet, kyrkan och den regniga våren.

Jag bjöd honom på en öl.
Sedan tog mina grekiska ord slut.
Han kommer till tavernan Glykeria varje dag
i sin lilla röda pick-up.

Bilen lyssnar till prästens böner
och ser till att han kommer hem igen.

Klostret

Klostret på klippan vid havet,
där prästen Nektarios tjänstgjort
hela sitt gudfruktiga liv
behöver honom inte längre.

De fem svartklädda munkarna
bygger nya mörka celler
på klippan där ikonen hittades.
Traditionen betyder allt
men Nektarios är portad.

Nu sitter han på stenmuren
och pratar med sina får,
och byter några ord med oss.
Tack, säger han när vi går,
och lutar hakan mot käppen.

Nektarios

Gamle familjeprästen Nektarios
drar sig hemåt om kvällen.
Hans gråa prästrock är sliten,
liksom han själv har lite svårt att gå.
Hatten är trasig men täcker hjässan
som på alla grekiska prästskallar.

Arbetstiden har han lämnat bakom sig
nu har han ingen kalender som styr
varken kyrkliga eller världsliga plikter.
Nu har han bara sig själv och sina minnen
som seglar allt längre ut till havs
och försvinner i solnedgången.

Allt han har kvar är ett sammanhang
där han fortfarande är familjeprästen
som en gång vigde byns invånare
och döpte byns alla barn
och begravde alla han en gång kände.
Nu väntar han på sin egen skymning.

Slaktaren

Ett kilo lapa
två gånger malet
saftiga biffar.

Slaktaren visar
kött som ska malas.
Kniven är slipad.

Hans gamla pappa
sitter på stolen
pratar med kunder.

Köttfärs och kryddor,
dill och persilja
pappan blir hungrig.

Nattbåten

Hamnen i Chania sover aldrig.
Örlogsfartygen patrullerar i Soudabukten
medan civila båtar lägger till.
Kryssningsfartygen hälsar på
för några timmar.

När nattbåten till Pireus
gastar med starkhornet,
är det inte lönt för eftersläntare
att hålla färjan fem minuter.

Det finns alltid någon som skyller
på punktering, dåliga vägar,
eller för mycket raki.

Alexandros

Baren hos Mike öppnar inte
när vädret är stilla, fisken i rörelse.
När vi frågar Inka om ett glas vin,
pekar hon ut mot havet,
klagar över att hennes man
bara ägnar sig åt nöjen.

När Mike kommer tillbaka,
berättar han om den största bläckfisken
som någonsin fångats i Galatas.
Armar långa som en vuxen man,
blir mat i en hel vecka.

Nu kan Mike öppna baren,
och underhålla gästerna
med en riktigt bra historia.

Pireus

Fraktfartygen som vilar på redden
i Pireus hamn
har bråttom att vända om,
väntar på destinationsbesked.

På sjömanskyrkans tid
gick sjömännen iland.
Väntade på att lossa och lasta,
reparera och byta besättning.
Under ett par veckor
hann man upptäcka Athen.

Kyrkans folkvagnsbuss såg till
att besättningen kom tillbaks
till tryggheten i Pireus
efter farligheterna kring Akropolis.

Getamat

Strosande längst ner på sydvästra hörnet
av Kreta går getterna, söker sig mat.
Mager är kosten men så vill dom ha´t.
Tistel till förrätt och varmrätten törnet.

Långt bort i röset bland stenblock och rötter
bräker en killing som också vill ut
ur täta snår innan maten tar slut.
Matlusten får honom genast på fötter.

Skriker på herden som skyfflar desserten
rakt ifrån flaket på sliten pick-up.
Hunden är tyst och ser inte ens upp.
Getterna kommer, nu börjar konserten.

Landning

I receptionen berättar personalen
att flygplatsens landningsbana har brustit
och flygen omdirigeras till Athen.

Kraftiga regn har underminerat asfalten
och de allt tyngre flygplanen sliter hårt
på gammal asfalt och makadam.

Det är snart lagat, säger hotellpersonalen
medan vi lyssnar efter inkommande flyg
som tyst väljer andra landningsbanor.

Jag försöker skriva mig lugn på balkongen,
men lyckas inte särskilt bra.
Vi vill kunna lita på att livet ska fungera.

I munkens trädgård

Det är mycket som inte syns på ytan.
Den bestämda ytterporten
var stängd med kalla nycklar.

Katolska kyrkans klosterträdgård
ligger dold för världen.
Där inne går gäss och kalkoner,
en sköldpadda vaggar lugnt
under duvslaget.

Munkarna förändras i trädgården.
Klappar moderligt en gås
och pratar med duvorna.

Jag visste att det fanns omsorg
i teori och resonemang.
I munkens trädgård
blev det varmt och verkligt.

Regler

Trafiken i Athen går inte att förstå.
Antagligen finns det regler
som ingen minns.
Troligen finns det körskola
utan böcker.
Säkert finns det poliser
som ser till att allt flyter på.

Jag känner mig trygg i detta kaos,
för jag vet att alla ser mig.
På långt håll syns det
att jag inte är härifrån.
Alla håller längre avstånd
och förbereder sig på
mina obegripliga filbyten.

Det är ingen idé att bli arg
när känslan sitter vid ratten
och förnuftet ligger i baksätet.

En kantina om kvällen

Många längtar till restaurangen
med vita dukar och glas på fot,
där kyparen talar flytande franska.

Några drar sig till tavernan
med pappersdukar och aluminiumbestick
där kyparen som bryter på ryska
berättar vad köket har i grytorna.

När vi tröttnat på låtsasfinessen
och de kulörta turistfällorna
dras vi oss ner till kantinan i hamnen.
Där sitter grekerna och väntar
på att kvällen och ouzon ska svalna.

När måltiden blir viktigare än maten
går det lika bra med plaststolar och burköl.
På tio år har ingen frågat efter tryckt meny.

Stora fiskar

Det lysande blå korset på kyrkan
har elektrikern Mike monterat.
Nu hänger det på trekvart.
Mike bryr sig inte längre
om varken fiske eller kapell.

Han är bara bitter över orättvisorna
som gjort hans hotell till ett fängelse.
Men ibland far han ut med båten
för att slippa ifrån sina plikter.

Mike berättar gärna om sina fångster
när fisken nappade nära Galatas-kusten.
Han vårdar sina minnen med omsorg
och fiskarna blir bara större och tyngre
för varje år som går.
De engelska gästerna vill gång på gång
höra Mike berätta om hans bravader.

Ombord

Det är inte alltid lätt att veta
vad som gått sönder
när inget syns på ytan.

Allt som hördes var ett bankande
som när ett fartyg går på grund
och kaptenen önskar att ingen såg
den felaktiga manövern.

Så många experter på en gång
som älskar att lösa problem
när någon råkat illa ut.
Alla har svaret
men ingen vet var felet ligger.

Långtradarchauffören rycker släpet
av den plågsamma rampen.

Möte på taverna

De små glasen med tsiporo
landar äventyrligt på bordet
för att vi ska stanna kvar
och läsa menyn i lugn och ro.

När vi skålar kommer minnena
från leksaker som lagats
med Karlssons Klister.
Slitna skor som fått hjälp
av kontaktlim och tving.
Skolans slöjdsal med flaskor
med dödskallemärken.

Samma rena vätska
kan få musiken att klinga,
färgerna att dansa
och orden att sjunga.
Den svaga doften av sol och vind
gömd i druvans kärnor
får livslusten att klarna.

Staden vaknar

Små tomma gator.
Turisterna sover i fuktiga lakan.
Ett par från Minneapolis
äter tidig grekisk frukost,
och klagar på att apelsinjuicen
saknar vatten och is.

Vyzentinos taverna möblerar
likadant som alla dagar.
Samma dukar som igår
och inga ändringar i menyn.

Gatorna har spolats under natten,
glittrar i gryningsljuset
när staden vaknar.

Snart går paret från Minneapolis
på jakt med sina stora kameror
för att skörda historiska troféer.

Igenkänd

Man känner igen varann på ansiktet
sa ekshäringen och drog ner hatten
så bara skägget syntes.

Hej pojkar, sa flickan på nattklubben.
Vet era föräldrar om
att ni är ute så här sent?

Betong

Nikos med betongbilen
behandlar man inte hur som helst.
När han kommer med påfyllning
står alla uppställda
som barn på skolavslutning.

Äntligen får alla visa
det hårda jobbet
med sten och cement.

Snart börjar sommarlovet.
Husbygget tar paus
i evigheten av småsysslor
som aldrig blir färdiga.

Sjösättning

Efter elaka vinterstormar
och trasiga skyfall
kommer sommaren till Kreta.
Båtarna stannar på land
i rädsla för fortsatt bråkväder.

Inget kan man lita på
denna sommar på Kreta.

Turisterna tvekar
av rädsla för prognoser
från meteorologer och ekonomer
som gissar i högan sky.

Båtarna anar oväder.

Simskola

I samlad tropp kommer barnen,
utrustade med badringar,
flytkuddar och minimadrasser.
Visselpipan skär genom soldiset
och alla går ner i vågorna.

Änder lär sig respekt för vattnet
och lust att bli vän med havet.
Flocken kvittrar för att visa mamma
att jag flyter och inte är på drift.

Visselpipan blåser upp alla på land.
Vilar och torkar i solen,
går hem med badringar,
flytkuddar och minimadrasser.

Bläckfisk

Den grillade kalamarin
med sitt nystan av armar
ligger kvar på tallriken
som ett knippe snören.

Skalade räkor,
urbenade merides
går lätt ner med ouzo.

Vi äter med ögonen
och upptäcker långsamt
skönheten hos en härva
av en mycket liten bläckfisk.

Svartfiske

Sjuttiofem kilo fisk
ville Stratos inte kasta i havet.
När han fick kalla fötter
och vände i Kastellis hamn
följde kustbevakningen efter.

Vid anlöpet till Spilia
fick han en pistol mot huvudet.
Poliserna ville veta hur många
flyktingar det fanns ombord.

All fisken tog dom.
Stratos fick pinsamma böter.
Girigheten kunde inte ge sig
vid tjugofem kilo.

Fårflytt

Fåren bräker om bättre mat.
Markerna börjar bli torra,
det saftiga betet krymper.
Getterna klarar det bättre,
har starkare tänder,
klättrar högre.

Herden lastar sina får,
vana vid bilfärder.
De vet att han för dem
till små gröna ängar,
lagom för tre hungriga magar.

Kedrodasos

De urgamla juniperträden
på Kedrodasosstranden
har överlevt stormar och skyfall,
skogsbrand och hagel.

Människan vill hem till paradiset.
Slår upp sitt high tech tält
i juniperträdens skugga.
Sågar grenar till bränsle,
gömmer plastflaskor under stenar.

Brandkåren håller vakande öga,
polisen kommer på besök i gryningen.
Camping förbjuden, det vet alla.

Hoj

En gammal åsna på två hjul
får aldrig vila sina trötta däck,
står i solen hela dagen,
magert med olja och bensin,
putsas mycket sällan.

Förväntas starta i alla väder,
hitta vägen när föraren är onykter,
bära förtvivlat tunga lass
och se i mörker när ljuset har slocknat.

En hoj i Kretas utmarker
är en åsna som aldrig ger upp.
Frågar man hur gammal den är,
svarar den "sedan kalderimens dagar".

Varm trädgård

Vi kallar det växthus
när engelsmännen säger green house.
I Grekland heter det "varm trädgård",
och thermokipos är vad det säger.

Inne i de varma trädgårdarna
växer tomaterna snabbt,
gurkorna blir vuxna fort.
Det går åt mycket vatten.

Utanför de varma trädgårdarna
vaktar hundarna vägen,
getterna äter tomatblasten.

Trädgårdarna är varma året om.
Innanför den blekta plasten
är det alltid sommar.

Vatten

Den lilla byn Chrissoskalittissa
fick ett rejält EU-bidrag
för att bygga en bevattningsdamm
som skulle förse växthus och trädgårdar
med vatten från bergen.

Något snille kom på den smarta idén
att spara pengar på att inte anlita
en geolog som förklarade hur
dammen skulle byggas för att hålla.

När dammen brast sa byborna
att det kunde man väl ha räknat ut
att avståndet mellan Chrissoskalittissa
och Bryssel är väldigt långt.

Hur ska någon tjänsteman kunna se
vad som hamnar i felsydda fickor
på felskräddade kläder i felbyggda kontor.

Michalis

Det rör ihop sig
när gästerna kommer samtidigt
till Glykeria Taverna.
Kocken Michalis jobbar fort
mellan grytorna och grillen.

Lamm kokt i olivolja,
grillad kanin i tomatsås
får gästerna att berömma Michalis
för de gamla recepten
de bästa råvarorna
och den utmärkta kokkonsten.

Sent anlända matgäster
vill inte lämna tavernan.
Michalis längtar hem till Kastelli,
där fru och dotter redan somnat.
Han har fyra krokiga bergsmil
att köra i natten.

Ria

Stekta ägg med bacon,
nybryggt kaffe och apelsinjuice,
alltid glad är Ria.

Melina har ont i magen,
nya tänder på gång,
kanske mat hon inte tål.

Nyheterna på TV säger nyval
och Ria tänker rösta nej.
Hennes Grekland gungar.

Nu rostar Ria bröd och skivar päron,
gungar Melina i vagnen,
hälsar gästerna godmorgon!

Nikos

Buon giorno, guten morgen,
kalimera sas eller bara good morning.
Nikos pratar alla språk
som behövs på Kreta.

En beställning på rumänska,
eller lamm kokt i olivolja
på ren klingande svenska.
Allt smakar lika gott
när man känner sig förstådd.

Varför drar han alltid ut stolen
och sätter sig hos oss när vi äter?
frågade en flicka sin pappa.
-Han känner sig hemma här
och vill att vi ska känna likadant.

Giannis

Det växer så det knakar
i Mickes grönsaksland.
Giannis sköter bevattningen
och rensar bort ogräs.

Drömmen lever stark om
att bli självförsörjande
med aubergine, zuccini
och sötaste potatisen.

Michalis ger hönorna mat
och fåren ger han vatten.
Giannis ser till att solen
inte bränner bort det gröna.

Plast

Den som gömmer gammalt skräp
i en liten skreva i bergen
tror att det försvinner.

Plasten från växthusen,
skör som smörpapper,
torkar och spricker i solen.

När jag handlar mina tomater
vill jag inte veta vad som händer
när vindarna sliter upp livstycken,
och sprider gardinerna över bergen.

Städning

Nu skrapas det gamla bort
från samhällets fundament.
Allmän städning gäller envar,
pensionärer och barn,
sopas undan till musik.

Man vill vara hel och ren
när man går till domstolen
för att se en gammal pjäs
spelas upp på teaterscenen.

Publiken är aktörerna.
På scenen, bak i kulisserna,
sitter regissören,
letar efter manuskriptet.

Cykling

När cyklar var sällsynta
på Kretas dåliga vägar
kom hon sjungande
på sin nya crescent
i resebolagets uniform
med magen i vädret.

Det där går aldrig bra,
sa greken vid vägkanten,
och gjorde korstecknet
tre gånger över bröstet.

Dottern blev sångerska,
cykeln blev stulen,
greken fortsatte oroa sig,
över allt som är farligt.

Dirt track

Vinden skapade vågor
i sanddynernas landskap
där kartan saknar vägar.

Sällsynta växter hukade,
ensamma hundar flydde
när eländet bröt ut.

Det finns en giftig art
som gärna förintar
skönhet och tystnad.

Människan bakom ratten
i en ilsken sandbil
dödar på femton minuter
femton års växande.

Tandläkaren

Jag ska byta en fyllning,
säger vår tandläkare i Athen.
Den ser inte så snygg ut.

Hon gör tre personers jobb,
stänger av borrmaskinen,
svarar i telefon, bokar tid.

Tandsköterska, kontorist
och allmän rådgivare
gör att grekerna har råd.

Mottagningen är alltid öppen.
Vi tjänar in flygbiljetten
på att laga tänderna i Athen.

Morgonrensning

Nattens minnen fångas in.
Mardrömmar träs på pinnar,
paradisbilder stryps i säcken
där allt göms och glöms.

Marken där vi går
tål våra svarta spyor
av oro och ilska,
orkar med våra vita
stormar av lyckliga kvällar.

De som städar efter oss,
får aldrig namn i tidningen,
ingen plats i morgonsoffan
hos fina tevekanalen.
Men de hjälper oss att orka
ännu en dag och en natt.

Hundvän

När en okänd hund slår följe
är det antagligen en vänlig själ
som söker sin flock och sin matte.

Vi känner en blandning av beundran
och avsky för den sökta vänskapen.
Det är ju inte hunden som ska bestämma
utan vi som har makten och kärleken.

Hunden genomskådar oss snabbt
och vi står där med skammen.
Den renrasiga snobben gick före i kön,
medan vi vanliga, dödliga, med god hälsa,
vänliga och street-smarta fick ge plats
åt de kräsna modehundarna.

Föreställning

Media fick sina bilder med eld och sten.
Hungriga fotografer kämpade i tårgasen
för att leverera regisserad dramatik.
Polisen ville ha anledning att rensa
Syntagma från demonstranter,
så att parlamentet kunde debattera ifred.

När jag körde hem genom centrum
vid halv tolv, var föreställningen slut.
Inne i parlamentet fortsatte
det viktiga samtalet någon timme till.
Då hade de gasmaskutrustade fotograferna
gått hem till sina hotellrum och duschat.

Novemberbad

Det är aldrig tyst kring kaffekopparna
på stranden i Kavouri.
Kostas är vacker fast magen hänger
och ryggen har kroknat.

På väg in i advent värmer novembersol,
havet bjuder till bad. Kostas blir ung igen,
glömmer ryggont och tandvärk.

Högvakten

I ultrarapid lyfter han foten,
svänger den fria armen,
slår geväret i stengolvet.
Metallskodda
är kängorna de tunga,
skiner lika vackert röda
som parlamentets julfasad.
Storgranen lyser upp Syntagma,
ger högvakten underhållning
mitt i sällskapsresan
ända från Kina.

Sista badet

Med sommarsarongen knuten om magen,
krånglar jag mig ur kalsongerna.
Badbyxor förstår sig inte på
att det snart är första advent.

Vintersand klibbar om fötterna
när havets eftervärme i slutet av november
drar den vinterbleke till havs.

Årets sista bad är som det första;
termostaten förvånad, jag räknar till trettio
och minns den varma sommaren.
Giorgos på Rhodos lärde mig knepet.

Kiosk

Alla grekiska öar har små vägar
dit turisterna inte vågar åka.
De ormar sig fram längs raviner,
slingrar sig över olivklädda berg
och slutar ofta där de började.

Det är längs någon av dessa åkturer
som den bästa honungen från skogen
och de bästa kryddorna kan hittas.
Giannis sitter i sitt brädskjul och vinkar,
han vill ha någon mer att prata med.

Vi blir bjudna på ett glas vin och vi skålar
för god hälsa och nätter utan mardrömmar.
Vi köper med oss ett knippe timjan
och Giannis egen hemgjorda rakomeli.
Varm honung och raki håller vintern borta.

Punktlighet

Sanningar berättas
av frisören, taxichauffören
och bartendern.

Jag skröt lite stolt över
stadsbussarna i Karlstad,
hela, rena och punktliga.
Athens bussvrak
kämpar sig troget fram
utan fjädring och oljebyte.

Min frisör påstår:
man tager vad man haver.
Grekland har bättre chaufförer.
Lagar stolsitsen,
skiftar däcken,
bromsar sällan.

Frisören

Jag gick till frisören
för att slippa höstraggen
och köpa vinterfrisyr.

Giorgos var upprörd
över nya nedskärningar
i välfärd och livslust.

Hans dagliga irritation
gick ut över mina lockar
och motsträviga virvlar.

-Ta inte för mycket,
sa jag när saxen fräste
som huggorm runt öronen.

Hyfsad huvudstädning
klaras av på en timme.
Grekisk politik tar minst två.

Hugget i sten

Inte långt från första kyrkogården i Athen
ligger blomsterbutikerna dörr vid dörr.
Kransar och buketter är alldeles för stora
och den söta blomdoften blandas snart
med bolmandet från prästernas rökelse.

Begravningscaféerna fylls av sörjande
som hyllar både sina liv och alla döda
med en liten kopp beskt kaffe, bitter kaka,
kryddat med ett glas sorglig metaxa.
Allt går fort men det måste göras.

Affären som säljer gravstenar har öppet.
Minnesmonumenten är alldeles för stora.
Allt som kan huggas i sten kan köpas
för att skapa odödlighet i minnesparken.
En präst i vit marmor är snart leveransklar.

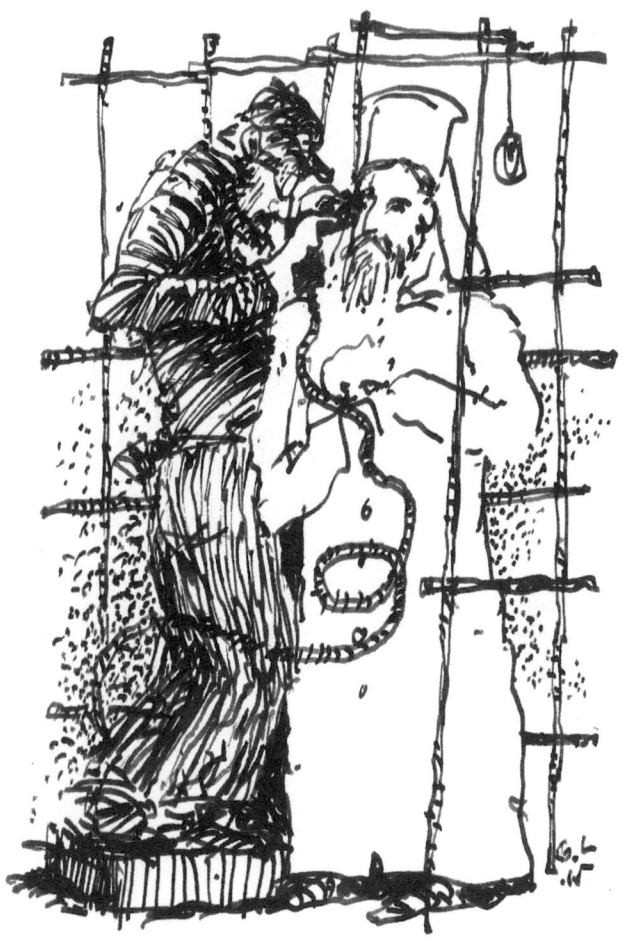

Alla sjunger med

Under vintunnorna på tavernan i Kolonos
spelar två musiker gamla folksånger,
de sjunger till bouzouki och gitarr.
Sångerna har många berättande verser
och alla kan hela låtarna utantill.
Ingenting får hoppas över.

Det går alldeles utmärkt att sjunga
medan man äter och dricker kring borden.
Ingen tvekar för att man sjunger falskt,
och ingen bryr sig om att rösten är sprucken.
För starkt kan man inte sjunga ikväll.
På tavernan uppträder ingen för publik.

Medan stora matfat fyller bordet
fyller sångerna rummet längst in i hjärtat
och frigör de gömda livsberättelserna
om oro och längtan till en bättre framtid.
Alla äter och dricker, gråter och skrattar.
Vad annat kan man göra åt livet?

Svart fredag

Efter en svart natt
med åska och hällregn
lyser novemberhimlen blå.
Starten har gått för
julhandelns eget maraton
där stjärnor visar vägen.

Den tunna plånboken
ska plågsamt tömmas
tills endast luft återstår.
Den svarta fredagen
är full av lockbeten
på väg till Betlehem.

Rött ljus

I karavanen av bilar
driver jag i den översvämmade
floden av rödljusallergiker.
Trygg bakom ratten
ser jag stressade fotgängare,
som väntar på att ta sig över gatan.

Som inom fallskärmshopparen,
strax före fritt fall från hög höjd,
slår hjärtat dubbla slag.
Den som väntar på sin tur
kommer aldrig till andra sidan.
Räkna med att ingen är synlig.

Rött ljus är bara dekoration
för alla som slår sig fram
genom den svarta plåtskogen.

Nötter

Genom de små gatorna i Plaka
rullar nötmannen sin vagn
på jakt efter kunder.

Han luktar sig till platser
där biopubliken är på väg in
i de dramatiska salongerna.

Det är ju bättre att knapra nötter
är tugga på de korta naglarna
när spänningen blir för stark.

Nötvagnen gnisslar vidare
till teaterentrén och busshållplatsen.
Över påsarna svajar gaslampans måne.

Ringklocka

Cyklarna har blivit många
när allting blivit dyrare.
Man tankar lite luft ibland,
och parkerar gratis.

Några kostar på sig lyxen
att ha hjälm och lyse
för man är ju ett fordon
även om många verkar tro
att man är något helt annat
som inte behöver stanna
för gult eller rött ljus.

Modiga cyklister plingar
artigt i en liten ringklocka
till skillnad från biltuta
och bräkande lastbilshorn.

När det saknas cykelvägar
och gatorna är trasiga
hänger livet på ett pling.

Det är inte kylan

Det är inte kylan från marken
som är värst i vinter.
Parkbänkens gäster fryser
från dåligt klädda fötter
upp genom den magra kroppen,
ut i armar och händer
där fingertoppskänslan domnar.

Det är inte nordvinden som är värst
dessa korta decemberdagar
när medkänslan fryser fast
i parkbänkens slitna spjälor.

Det är kylan från rädslan
att komma för nära livet
där mina egna gränser öppnas
och jag bär någon annans pass
i stället för mitt eget.

Volontärer

Fyra svenska volontärer
på väg till flyktingläger i Lesvos
stannade till i Gamla Stan i Plaka.
Några minnen från Athen
hann de köpa med sig
från affären med läderväskor.

Sjukhusdirektören var givmild
och donerade en ambulans
till flyktinghjälparna på Lesvos.
Sjukvårdsbilen skulle åka båt
från hamnen i Pireus.
Själva skulle de flyga till Mytilini.

Frivilligarbetarna kom från Halmstad,
och funderade på om de kanske
borde åka till någon annan ö.
Ryktet hade gått att behoven är stora
även på de mindre öarna
som inga tidningar skriver om.

Petros

Duggregnet kyler ner stenläggningen
när vi går till Petros souvlakiställe
efter kvällens svarta irrfärder
genom mörka Pireus till upplysta Plaka.

Hassan har rymt till Malmö
och Petros giros smakar inte lika bra
som i jultid för ett år sedan
när vi hade daglig kontakt
och tog med ett stort paket
med julklappar till Hassans familj
någonstans i Sverige.

Förra julen var livet en dröm
och en förhoppning om att återse
sin fru och barn i Norrland.
I år är livet en väntan
på uppehållstillstånd och asyl
i landet där dörren stängdes
just efter att Hassan tagit sig in.

Grytor

Kokerskan lyfte på locken och berättade
om lamm i olivolja, kanin stifado
och grytan med kyckling i röd sås.
På ugnsfaten låg drivor med stekt potatis,
grönsaksblandningar och fyllda paprikor.

Tallriksmodellen är inte uppfunnen här.
När saliven rinner till och ögonen tåras
är det bara att be kocken att lägga upp
lite av varje, tills det inte får plats mer.
Vi tar vårt fat och sätter oss nära gatan.

Det är som att komma hem till ett kök
där vi varit många gånger tidigare.
Där står mamma och vill inget hellre
än att vi ska bli mätta och glada.
Hon behöver inte variera sin kokkonst
för hon vet att vi kommer tillbaka.

Flygare

Ikaros flög över hav och tillbaks.
Tränade landning och start.
Vingarna byggdes med fjädrar och vax.
Farkosten var klimatsmart.

Ikaros lyssnade inte på tips.
Flög nära solen som stekte, och vips,
vingarna brändes till sot.
Han var en dålig pilot.

Santorini

De tusen turisterna stressas
för att hinna gå i land
från kryssningsfartygens
flytande fodervärldar.
De har sett Atlantis.
I solnedgången seglar de vidare.

Med fingrarna om stjälken,
lyser tulpanglaset blekgult
med doft av salt och äpple.
Vinprovaren sörplar
Santorinis vulkaniska jord.

Vinstocken stressas,
av vinden och jordskorpan
för druvornas mognad.
När kryssningsfartygen sover
fyller nattens dimma
glaset med solljus.

Mousmoula

Kom in och smaka på mousmoula,
säger grannfrun över stenmuren.
Frukterna smakar nästan persika
och ser ut lite grann som plommon
men har sin alldeles egna karaktär.

De liknar grannfrun i generositet.
Trädet dignar av mousmoula
och det bästa är att dela med sig
till den som är törstig och trött.
Mousmoulans tid är kort som hösten.

Livets vatten

Borgmästaren i Gdohia fick avbryta
sin sorgesång från kyrkans kor
mitt i den högtidliga långfredagsmässan
när hans mobil ringde och han svarade.

Världens elände mötte den korsfäste
och borgmästaren viskade i sin systers öra
att vattenkopplingarna hade brustit
och huvudkranen genast måste stängas.

Vår granne firade påsk med att bjuda oss
på sin egen hemmabrända raki.
Titta, sa han, och doppade pekfingret i glaset,
tände på och höll upp den blå lågan.

Nere i Mirtos späder dom ut drycken,
folk märker ändå ingen skillnad.
Min raki är ren och klar, utan biverkningar.
Vi har alltid problem med vatten.

Svenskar lever för att arbeta,
greker arbetar för att leva.

Svenskar äter för att bli mätta,
greker äter för att umgås med vänner.

Bondeprotest

Traktorerna spärrade vägen
när vi lämnade Thessaloniki
för bilfärd till Athen om kvällen.

Poliserna jag tillfrågade om resan,
föreslog hotell eller flyg.
Bönderna släpper inte fram någon.

Den alternativa vägen gick uppför berget,
bakom Olympen där gudarna vet
att människan inte vill förändra världen.

Vi fick se ett annat Grekland från baksidan
där de som brukar jorden har stor makt
och vägrar släppa förmånerna ifrån sig.

Över havet

Sjunkande, överfyllda småbåtar
närmade sig det provisoriska lägret
med fasa och hopp i trötta sinnen.
Ännu en mardröm avklarad.

De fattiga kommunerna i övärlden
saknade pengar att ordna mat och husrum.
UNHCR väntade på borgmästarens order.
Men han som förstod mer än de flesta,
hade minst makt av dem alla.

De hitresta hjälparbetarna var många,
och pengarna flödade in via upprop
på sociala medier och reportage i TV.
De ville göra nytta under några veckor,
många orkade inte mer än några dagar.

De som hade pengarna fick makten
men saknade uthållighet och träning.
Några återvände hem som främlingar
till ett rikt land med stort hjärta
men med uthållighet som en såpbubbla.

Skogsbrand

Askan täckte allt levande
efter skogsbranden på södra Rhodos.
Vi körde sakta genom grå öken
och häpnade över eldens kraft.

Pinjeskogen hade brunnit som tändvätska
på en stor kolgrill utan tillsyn,
krupit ner i jorden bland rötter
och klättrat upp med förnyad kraft.

Brandmannen som tankade sin röda bil
visste vem som hade tänt på brasan
och vilka marker man ville komma åt
för att förbättra betet och bygga nya hus.

Efterord

De sista åren i Grekland blev annorlunda än de första. I takt med att vi lärde känna människor som bott här i många år, fick vi möjlighet att se bakom kulisserna och upptäcka det land som ingen turist hinner lära känna på ett par veckor.

De första åren i vårt nya hemland var fyllda av goda möten med glada människor som trodde att det ekonomiska eländet snart skulle gå över. Det hade ju alltid gjort det, förr eller senare. Men det blev inte så den här gången. Krisen avtog inte. Den blev allt djupare och påverkade allt fler människor. Många slutade skratta åt eländet och erkände att verkligheten var både obegriplig och oacceptabel. Sanningen om Grekland blev tydligare och människor blev ärligare. Det var då som vi fick inblick i landets baksidor och besvärligheter.

Ritandet och skrivandet är mitt sätt att bevara öppenheten och förundran inför allt det vardagliga som passerar framför mina ögon. Vardagen blir mera intressant på det sättet. Människor blir mera levande. Verkligheten framträder tydligare med allt eländigt och underbart i en mänsklig förening.

Om författaren

Gunnar Lidén är född 1950, är värmlänning och bosatt i Karlstad. Att rita har varit ett vardagligt uttryckssätt sedan barnsben. I pappa Eriks ateljé fanns det alltid kritor och pennor och papper där bilder kunde växa fritt. Och räckte inte papperet till, så gick det att rita på tapeten, vilket inte gillades av mamma Maj-Ann, men pappa tyckte att det var fint. Uppmuntran betyder mycket och ritandet och målandet fortsatte upp genom tonåren och in i vuxen ålder.

Skrivandet blev viktigt efter tonåren när det blev nödvändigt att formulera sig inför andra. Arbetet som präst i Svenska Kyrkan innebar att den muntliga framställningen blev en central del i det dagliga arbetet. Skrivandet blev därför en naturlig del i textbearbetning och framförande av eget material. Själva skrivandet är en del i arbetet med att göra tankar synliga, för sig själv och för andra.

Att skriva predikan är en speciell sorts texthantering för en särskild publik som kommer till kyrkan med förväntningar på både tema och reflektioner. För mig har alltid predikoskrivandet haft en poetisk sida, där syftet varit att hålla texten och framförandet så öppet att lyssnaren själv kan lägga in sitt eget liv och sina egna tankar och frågor kring ett aktuellt tema.

Idag är skrivandet av mera lustfyllt och publiken behöver varken ta sig till kyrkan eller läsa en bibeltext för att hitta sammanhanget. Dikterna är skrivna i Grekland men kunde lika gärna handla om Värmland. Sex år i Grekland har satt spår i både synsätt och diktning. Landet i sydöstra Europa har många gånger sett flyktingar komma och gå, sett ekonomin gå upp och ner. Svängningarna är stora i länderna vid Medelhavet medan livet i Värmland har varit lagom. De senaste åren har även Sverige påverkats av migration och förändringar i ekonomin.

Under åren i Grekland har flera av dikterna fått en ny innebörd genom den kris som landet och människor har genomgått sedan Greklands skuldbörda har tyngt vardagen ner till asfalten. Flyktingkrisen har väckt stor medkänsla och samtidigt orsakat spänningar i ett redan anstängt samhälle där de flesta kämpar för att få hushållskassan att räcka till.

Av tidigare böcker är Grekiska Livstycken 37 svenska kvinnors berättelser om livet i Grekland. Boken Under Tamarisken är mina berättelser med intryck från åren 2010-2016. Boken Omvägar Hemåt är en avstämning med dikter om livet på den yttre och inre scenen. Grekisk sallad innehåller dikter och teckningar med intryck från Grekland under åren 2012 - 2014. Halvt kilo rött är intryck under åren 2015-2016.

Kulturstugan

Några år efter millenieskiftet träffades en grupp kulturintresserade personer vid ett par work-shops i byn Ulvsby vid Alsters kyrka norr om Karlstad. En konstnär, en författare eller konsthantverkare ledde arbetet. Olika tema prövades. Vi gjorde mönster med en textilhantverkare. Vi skrev dikter med en poet. Vi målade med en konstnär och vi tog bilder med en fotograf. Dagen med kameran hade temat "Människan i bilden" och det avslutande samtalet i Alsters kyrka hade det omvända, "Bilden i människan". Vi kallade dessa work-shops för Alsters Kulturstuga.

Efter några år lades projektet ner, men verksamheten i bygden fortsätter, inte minst genom Konst-Rundan i Ulvsby-Trakten, förkortat KRUT, som genomförs varje år vid pingst.

Kulturstugan blev Kicki och Gunnars företag med ett blandat innehåll. Vi har gett ut böcker och musik-CD med egna produktioner. Konstutställningar och programkvällar med musik, dikt och bildspel har fått plats i vår verksamhet. Vårt nya karlstadmönster har blivit tryckt på textila produkter, brickor och skärbrädor. På vår webbsida berättar vi mer om vilka vi är och vad vi gör.

www.kulturstugan.se